Warwickshire County Council

This item is to be returned or renewed before the latest date above. It may be borrowed for a further period if not in demand. **To renew your books:**

- **Phone the 24/7 Renewal Line 01926 499273 or**
- **Visit www.warwickshire.gov.uk/libraries**

Discover • Imagine • Learn • *with libraries*

Filip Wyszyński

Skaleczenie chłopca

Biuro Literackie ◆ Wrocław 2012

Chłód przy brzegu rzeki

Chłopcy moczą się w rzece jak pędzle.
Bawią się i leją w wodzie.
Rzeka ma przypominać
słoik. Czekam, aż przyjdą

ludzie, których jeszcze
znam, żeby się pożegnać
jak człowiek. Chcę zrobić
sobie inny dom, mam już

gwoździe. Dość tych nerwów,
kłucia przy pochylonej
szopie, dosyć firan żółtych
od dymu, dosyć ciebie.

Nie wyrabiam się już ze wszystkim.
Codziennie przychodzą panowie
i biorą moją żonę w komórce
na wódkę. Mógłbym

się powiesić, ale szkoda gałęzi.
Całe życie przy spławiku i dętce.
Kiedyś chciałem zburzyć tę ścianę,
przejść do twojego mieszkania,

w którym spałeś z chłopakiem.
Beton lśni od mojego szkła,
kruche motyle lecą w ciemno.
Noc nie wygląda mi na nic.

Kochany brat

Po raz kolejny pokochałem
twojego brata z diastemą,
a mogłem zbierać znaczki.
To było takie trudne.

Przyłożyłem się do jego ciała
jak do odśnieżania miasta.
Szukałem wzroku częściej
niż zwykle. Żeśmy spłukali

sobie gardła żytnią, a później
były uściski, i tak dalej.
Trzeba było coś zrobić,
żeby nie zapomnieć.

Piliśmy, zanim wyjadę,
w ostatnią niedzielę, zanim
na dobre zagrzebię się
w pracy. Śnieg był jak wiadomość

słana pod nasz adres.
A po tych wszystkich zajęciach
noc sam ze sobą i to jedno
słowo, za które dałbym

się pociąć. I kto to mówi? Ja?
Chciałbym coś usłyszeć, żeby się
zmęczyć muzyką i zasnąć,
lecz okazuje się to, czego brakuje.

I nie mam nic w kieszeniach,
oczach i w żołądku, żadnej treści,
bo nawet „wszystko" czegoś już nie ma.

Gryf

Chyba odbiło się na mnie twoje osłuchanie.
Chrabąszcz wkręcił się
we włosy, świerszcz
przed nocą zaśpiewał.

Wiatr wyciągnął mnie z domu
i strasznie chciało się czegoś,
co potrafi być blisko,
jak pożar, kiedy chłopak

sikawką dotyka stosów
chrustu, a dym plącze się
jak nitka i szalenie
chce się do czegoś nawiązać.

Wczoraj było mnie coraz
więcej. Dzisiaj inaczej.
Nie można nic zamazać,
najbardziej palcem.

Wczoraj nie wiedziałem,
co ci powiedzieć o tobie,
byłem ślepy jak ojczym.
I chyba już nawet nie wiem,

czym jest brzoza, ciemność
i dziecko, i obojczyk,
nawet miejsce, gdzie śpimy,
i też pewnie nie wiem,
czym nie są, czym nie jest.

Czcze obrzędy

Noc się wczoraj dłużyła,
bo umierał ojciec.
A dziś noc się skraca,
bo nie ma kto umrzeć.

Pusta noc jest piękniejsza niż wspólny papieros.
Muzyka się rozlega, to pustka rozległa.
Mieszkanie jest jak kieszeń
u wytartych spodni.

Znajdę w nim tylko nitkę, paprochy,
może parę drobnych.
Pijany byłeś wczoraj, lecz łaskawy
nadal, więc nie wiem,

co tak przychodzi i boleć zamierza.
Jest bardzo różnie, choć miało różowo.
I więcej mi to mówi niż nasze śpiewanie.
Bo czy to, że się zmienię,

cokolwiek tu zmienia?
Jest uśmiech wymuszony i ostrzenie noży.
Znowu kran cieknący
i psa słychać czasem.

W pokoju mam bałagan,
a w nim znów szukamy
czegoś, co by można
jeszcze przeżyć razem.

Mój rodzinny doktór

W moim kraju buduje się
wiele dróg, ale żadną nie ma
dokąd iść. W domu są
rodzice, ale nie moi.

Coś się zmieniło od wczorajszej
nocy, nieprzespanej samemu,
Wisła znowu jest rwąca,
to burza zmieniła jej wodę.

Już nigdy ci nie pokażę,
jak głęboko umiem usnąć.
Nic jeszcze nie jest naprawdę
takie jak ty.

Jesteś za piękny, żeby być
blisko. Jak wtedy, gdy
osłuchujesz pacjentów.
Ode mnie też masz dźwięki.

Na przykład wczoraj
na swojej perkusji
z jednym przebitym bębnem
zrobiłem dla ciebie rzeźnię.

W tym nie było uczuć.
Ale co to zmienia.
Muzyki i słów jeszcze
na moment wystarczy.

Z muzyką na dźwięki
się nie wygra, mimo to
zrobiłem dla ciebie tak, żeby
już nigdy nie było cicho.

Żywoty młodych mężów

Jeszcze niedawno byliśmy
obok siebie, w szatni, po wuefie,
razem zlani potem, razem
głodni, palący „Portowe".

Dzisiaj nie ma uczuć.
Połączyłem słowa, myślałem,
że zagrają. Kiedyś
mieliśmy umyć szkolne

akwarium, rybki zginęły
w sedesie. Razem powtarzaliśmy
anatomię. Piękne czasy.
Dzisiaj znowu przeszedłem

na teren szkoły, była noc,
cicha jak zawsze, przy trakcji
powietrze łapało pociągi.
W krzewach nie było owadów

i larw, bo zabił je wszystkie
stróż i środek chemiczny.
Wiatr był słaby, kaleki.
Dotykałem noża, tego co

w szkole, tępego jak tuman.
Chcę go wyrzucić, wiem,
jak kochasz rośliny
i zwierzęta. Myślisz tylko

o nich, ale teraz niosę
twojego wielkiego, brudnego
psa, którego przejechałem

autem, na ganek, przed
domem, żeby go tam złożyć,
a później zakopać,
i nie mam jak wziąć cię za rękę.

Wspólna grupa krwi

Wczoraj spałem z umarłym,
chciałem się z nim pożegnać
jak trzeba. To zdychał mój
dawny kolega z klasy Janek

Kochański. Mieliśmy
się ku sobie od zawsze.
Byłem przy nim
najbardziej, najdłużej,

kawał czasu spędziłem
w łóżku i przy łóżku.
Jak przez sen pamiętam
dotknięte chorobą ciało.

Graliśmy razem w piłkę
i pokazywał mi po meczu,
jak należy się myć, żeby
ślad nie został, bo

on ma to do siebie,
że lubi zostawać, kiedy
się przykłada człowiek
do człowieka, albo gdy

ktoś zbliża usta do alkoholi
kolorowych jak tapeta
w bawialni. I trzeba się
też przykładać do lekcji,

zwłaszcza po jego śmierci,
i czuwać przy zmarłym
zimnym jak rosa, jak pot,
co wystąpi, chcąc nie chcąc.

Zgodność dawcy i biorcy

Wyciągnąłem siostrę z domu
jak strunę. Nie wydała dźwięku.
Siostra bawi się w pociąg,
ciągnie się i ciągnie,

bez przerwy w rozjazdach.
Nic nie wiem ze świata,
nic z niego nie mam, chociaż
jesteś naprzeciwko, blisko,

ale nie świata.
Człowiek nie może dostać
tyle, ile sam oddał.
Przykładem moja siostra,

która nie umie być jak wiatr,
wejść do pomieszczenia
bez hałasu. Albo jak alkohol.
On to świetnie zna wnętrza.

Gdyby tak człowiek mógł
znać człowieka. A tymczasem
trzeba sobie mówić proste,
czułe słówka.

Jestem ci wdzięczny, że się
do mnie wdzięczysz, i będziemy
jeszcze razem
znaczyć dużo dla innych.

Alkohol i sklep nocny

Prowadzę żywot rośliny, dlatego
wszystkie kwiaty obok więdną.
Tulipan, frezje, goździki, dalie –
to są nazwy niepotrzebne.

Za wcześnie poznałem ręce
ciepłe jak kuchenka.
Alkohol też poznałem zbyt wcześnie.
Szklarnia pochyla się, szkło kruszy.

Ostatnio cichość,
cichość, nic więcej.
Muchy wiszą na brudnym
lepie. Oby jak najdłużej

wytrzymał ten klej. Dom odarty z tynku.
Chciałbym pójść do sklepu
obok ciebie, pokazać ci
owady, które w nim zdechły,

ale śpię przy sklepie.
Chociaż pewnie i tak pożar
nawiedzi go wcześniej.
Zawsze, kiedy tam sypiam,

najbardziej chcę przebywać w deszczu.
Ale musiałbym być
wszystkimi pogodami
naraz, żebyś przyszła.

Dzika Wiśnia

Ktoś bardzo mi bliski umarł
dzień po tym, jak zakończono
produkcję wina Dzika Wiśnia.
Dobrze, i tak nie było

już miejsca na korki z plastiku,
i tak suchy język przestał
wyczuwać płyn z dojrzałej
wiśni. Czasem żałuje się

tyle, ile można powiedzieć.
Ktoś tak dzisiaj szepnął,
być może ty, bo kiedy
jest ciemniej, mówimy ze sobą,

patrzymy w twarze, które
zeżarł trądzik, a miasto się
przenosi z miejsca na miejsce.

Tyle wiem. Za mało się dzieje,
nic nie może wybuchnąć.
Już umiem to pokazać
na twoim przykładzie.

Pigularz

W nocy, kiedy babcia się załatwia
i szeleści papierem, myślę,
że to wiatr. Później,
kiedy dziadek podejdzie

do nocnika, dowiem się,
czym jest deszcz. Taki głośny,
prawdziwy. Bez żartów.
Szybko się uczę. Moje

małe miasto wygląda jak
apteka. Ojciec pigularz,
matka lekarka. Byliśmy
młodzi i zdarzył się dramat.

Ścięto drzewo, przy którym
podawałem ci wszystkie
możliwe lekarstwa. Jadłeś je
z ręki, chciałeś być zdrowy,

żeby zawsze mnie kochać.
Dziś brak mi lekarstw,
brak twojego głosu. Musimy
sobie o wszystkim nie mówić.

Stary

Dziadek, stary popapraniec,
trzy dni wieszał się na żyłce,
z którą chodziłem na ryby.

Stał na taborecie, mówił,
że jest skazany na powieszenie.
Naprawdę nic nie mogłem wskórać.
Brud po nim wymiatałem

często, kiedy się wypróżniał,
jak wymiata się wodę
z piaskiem po roztopach.
Dawniej pisał dziennik, ale

nie został uznany, doceniony
za życia, ani po nim, bo był
trochę pod wpływem Jezusa
Chrystusa, a niedobrze

się dzieje, kiedy się pisze
kim innym. Raz chciałem mu ustawić
antenę przy radiu, ale prąd

mnie sieknął, przeszedł
przeze mnie. Pamiętam
jego ciało, otwór w brzuchu,
pępek jak wielki sygnet.

Ta senność i dziura po nim
zaprowadziła mnie tam,
gdzie stoję i mówię do niego
jak do kobiety, której już nie ma.

Dzisiaj śnię znowu o dziadku,
słyszę, jak sapie i sapie.
Szybko robi się pustka,
a potem ciemność, ciemność.

Nowy nurt

Nie wiem, czy powinniśmy zajmować mieszkanie
po dziadku, skoro nie potrafimy dobrze
zajmować się sobą. Ale dziadek
odchodzi i trzeba już wiedzieć.

Potrzeba również mieć najgorszą pamięć,
by nie myśleć ciągle o pustym miejscu
po nim. Pamiętam jednak denaturat
przy szczawiu, sny okropnie długie –

semafory sensu.
Dziadek umierał, patrząc na rzekę.
Dziś rzeka jak czajnik zachodzi kamieniem.
A my żyjemy tak, jak kamień w zlewie

i tylko noc się przesuwa jak kra
po dolnej Odrze, i trzęsie się
jak pociąg na wygiętych szynach.
Jest wielka jak chęć,

którą mamy razem, by nic
się już więcej nie wydarzyło,
by nie miało miejsca, bo miejsce
po dziadku chce być zawsze puste.

Utrata matki

Uczę się kochać, mam podzielną
uwagę, więc mogę kochać dwie
osoby naraz, albo palenie i chlańsko.
Wczoraj oglądałem dwie drużyny

jednocześnie, Chemika i Drawsko.
Później jechałem pekaesem za
miasto. Szyba drżała.
Pogoda strzelała jak petarda.

Przecież to była burza.
Trawy się nie dały wypalić.
Wody podchodziły aż pod
same oczy. Matka miała suchoty,

szedłem do niej przez bagno,
kałuże, mokradła, i ona się
skończyła, zmarła. Niech wróci
coś, co suche. Cokolwiek.

Chirurgia ogólna

To są straszne wakacje, odkąd
już nie mam matki.
Cały dzień gram w butelkę.
Flaszka za flaszką.

Alkoholem wypełniam wnętrze.
Wpuściłem ojca do rzeki,
skakał jak dzieciak w kałuży.
Dzisiaj jest starszy niż

deszcz, starszy niż moje
mieszkanie, gdzie z dachu
płynie i kapie. Wciąż
przechodzimy samych siebie,

na okrągło. Wczoraj
widziałem, jak śpisz, ten sen
mógł się nie kończyć.
Chcę ci pokazać miejsce,

gdzie nie musiałem dorosnąć.
To bardzo blisko,
możesz zostać w łóżku.
Kocham cię o wiele mniej,

gdy mówisz o śmierci,
przestaję na ciebie uważać,
kiedy zamkniesz oczy.
Traktuj mnie jak powietrze,

nie zwracaj na mnie uwagi,
tylko wciąż wdychaj,
wydychaj, bo jestem
słabo widzialny.

Noc w noc oglądam papierosa,
krople wódki na twojej
pościeli i niebo całe w gwiazdach.
Wszystko ciemnieje

na moich oczach. I wszystko
jest przez chwilę sobą,
na całego.
I to już cała prawda.

Skaleczenie chłopca

Rzuciłem palenie i kobiety,
wyznałem to ojcu, ale tatuń
źle mnie zrozumiał, bo pomyślał
o mnie, że jestem „pedałem",

i powiedział, że zawsze
byłem, bo jedynie kręcę się
i kręcę. A później złapał za
pasek. Nie wymagam rzeczy

niemożliwych, chcę tylko
skorzystać z okazji zrobienia
świata pięknym i prostym.
Z miłości do tego, co idealne.

To, że przynoszę kwiaty, to
jak się uśmiecham, jak mówię,
jak na ciebie patrzę, cudowne.
Nasza historia to zajęcie dla IPN-u.

Struganie kijaszka, sen przy
korze drzewa, wspólny papieros,
owady w trzcinie, noc wielka,
ogromna jak stacja CPN-u.

My lub noc

Nie umiem ci powiedzieć niczego o tobie,
kochany. Nic o życiu, i czy mam papierosa nawet.
Noc znów uderza jak echo o ścianę.
Język po swojemu używa cudzych słów.

Nasz Dziennik, nasz sennik, historie choroby

Słucham, jak wyje nocne niebo.
Kończy się każda noc, przed ustaniem życia.
Ta szalona noc z tobą od początku
skwierczy jak rozpalona chata

z wilgotnego drewna.
Nie każ się kończyć
największym radościom,
bo jak tu bez ciebie

opuszczać dom, powieki,
ojczyznę i łóżko?
To jest niemożliwością.
Bo żeśmy się zrobili

jak starzy prywaciarze:
że niby noc jest nasza, na własność
i na zawsze. Kocham cię
przy sobie jak moje lekarstwa.

Twoje oczy, przełyk i żołądek.
Wieczorami jesteś moją
kobietą i idę zrobić ci
kolację albo dziecko.

Czy to na poważnie?
Nasze serca bębnią jak ogromna
pralka. Jutro muszę umierać.
Pamiętaj o piosence i o moim piciu,

bo już nie zobaczysz nawet,
jaki jestem zły i jak się myję
w rzece po nocy,
po wspólnym śnie z tobą.

Samotny jak badyl.
I choć odchodzę, to zawsze
będziemy razem. Bo wszystko jest nasze:
Nasz Dziennik, nasz nocnik.

Warszawa, Kino Moskwa, Czas Apokalipsy

Kupiłem ci książkę na targu,
była wyprzedaż i szarpnąłem się.
Szedłem w twoją stronę
przez każdą ulicę. Nie kłamię,

jesteś oryginał. Wczoraj
mnie obudziłeś w nocy
i pierwszy raz poczułem
wielkie pęknięcie, bo to

muzyka miała zabrać głos,
ale zawiodła i musiałem
ci śpiewać. To była długa,
wytrwała czynność,

jak skrobanie ryb,
czyszczenie ich łuska po łusce.
Najgorzej jest wieczorem,
kiedy wyczekuję snu

i wiem, że nikt nie przyjdzie,
że nie będzie nic do powiedzenia,
a mogę tylko tobie zaśpiewać.
To jest cała praca serca,

bratku. Jak daleko można
w tym pójść? Jutro
pójdziemy na film,
siądziemy w górnym rzędzie,

tam, gdzie wszystko
się zaczęło. Uważaj,
w kinie zgaszą światła,
bo dyrekcja chce, żebyś

mnie objął, i pewnie ten film
będzie niemy, żebyśmy
się słyszeli, najlepiej
jak można.

Najśmielszy protestant

Trzeci rok mija, jak uczę
młodych odpowiedniej
wymowy w języku obcym
i wieczorami piszę coś

na kształt dziennika,
przynajmniej tak to nazywam,
zawsze palę do tego
mocne papierosy i nie mam

odwagi usiąść do kolacji,
tylko sam się zamykam
i słyszę, jak chłopcy tłuką
kruche szyby z procy.

Jest coraz trudniej, nie będę
ukrywał, i nie powiem
niczego, co bym musiał
tłumaczyć, już kiedyś

tak było, przeglądałem
kartki i ktoś przybiegł
i powiedział mi, że moje
dziecko napiło się wody

w jeziorze i nie łapie
powietrza. Dni nie mają imion,
patrzę na ciebie, który
nie śpisz, i pamiętam te czasy,

kiedy byłeś sobą, i ciągle
zwracałem na ciebie uwagę.
Zbierano podpisy i nie zapisałem nas.
Byłeś tu za długo, teraz będę ja.

Razem wzięci

Przyjaciel zrobił kurs na świetlicowego.
Bardzo się przy tym bał, żeby
nie zgubić rytmu. Teraz może
wreszcie po ludzku wymieniać żarówki

albo zastępować je świeczkami,
pod nieobecność tamtych, czy
uczyć dzieci rysunku. A stres
przed egzaminem był niemiłosierny,

lecz kiedy się skończył, nie wiadomo
jak, może migiem, znaleźliśmy
się na trawie, i kiedy położyłem
w nią twarz, mlecz miałem na skórze

zamiast szorstkiej brody.
Poszliśmy dosyć jawnie zrobić
połówkę. Ja trochę większą część.
Burza wyrównywała się jak poziom

wody i owad czasem uderzał,
zastępując serce. A świetlica
stała wśród ostrej trawy i trzeba
było się upić z tego powodu,

również z tego, że znalazłem kamień
w bębnie, poza tym pachniało
zacierką, szła para z łąk, czarna
chmura wisiała jak sopel; jeden przestarzały

owad krążył nad głowami
i przysiadał na odwrocie głów,
i tylko on był wyżej wymieniony,
wyżej niż ja i wyżej niż my.

Miłość w stanie wskazującym

Bawiliśmy się w mamę i tatę.
To znaczy kłóciliśmy się
o wszystko, a ja cię biłem pasem.
Najlepsze, jak przyniosłem

do stodoły spiryt.
Żeśmy się nalali jak dwa
Messerschmitty.
Nic się nie może z tym równać.

Nawet ja. Motyle umierały
jeden po drugim. Takie
to lato. Lato stulecia.
Trawa się paliła szybko

jak zapałka.
Ciało było liściem, lepkim,
miało nerwy. I usta
działały jak uszczelka.

Czasem coś poczuwałem.
Tego nie było dużo.
Cholerny łomot serca.
To nie było częste.

Chmura wisiała ciężka
jak krowie wymiona.
Byliśmy ugnojeni jak
krowie wymiona.

Siano tak ładnie starało się pachnieć.
Włosy też pachniały i wyschły.
To chyba było uczucie.
Wielka mi rzecz. Ogromna.

Coś jest miłością

Bóg nam świadkiem, że nie znamy
Boga. Grzebiemy w piachu patykiem,
rzucamy kamienie.

Jesteśmy dziećmi, modlimy się
do wody, do kaczek,
do puszek i butelek.

Niedaleka podróż

Pamiętam jeszcze, ale zaraz zapomnę
tę podróż do Starachowic
moim starym autem.
Była też jazda rowerem

nad samym brzegiem
Nysy, nad samym korytem,
bez słowa, bez szaleństw.
Trawy wysychały jak przetarty

język i cała dolina była
nie na miejscu, jak jezioro, co wieczorem
zastygło i przypominało
mydło wpuszczone

do wody. A słowa były
nieznane, na przykład
klucze dzikich gęsi,
słowa jak wyrazy obce:

stacja, Nysa, skrót i tempo.
Ale chyba nigdy nie byłem
tak blisko ciebie, żeby
coś krzyknąć, a co dopiero

powiedzieć, chociaż i tak
nie myślisz o mnie,
bo nic o mnie beze mnie,
a tym bardziej ze mną.

Jadę przez Polskę,
więc zmierzam donikąd

Kochałem jechać przez
wszystkie noce do ciebie,
do których coś czuję, choć
nie czytałem powieści „Jak darzyć uczuciem".

Dociera to do mnie dopiero
w lutym. Jak pies, którego
wypuściłem z domu zeszłego
roku. Choć się przeprowadziłem,

trafił. Teraz już wiem,
że z tobą nigdy nie będzie
podobnie. Bo co do ciebie,
to nie mam pewności, i cud,

że z tym żyję codziennie, zwyczajnie.
Pewnie niewiele potrafię na oślep
i prowadzę życie jak śpiący
kierowca, przewożę katar,

kaszle i choroby.
Zresztą mogło być gorzej,
bo za granicą miasta głodne sarny
zdychają na mokrym betonie.

Dzisiaj rześka noc koloru pieniądza,
rozbita jak krople na szybie auta.
Silnik furkocze spóźnioną melodię.

Wszędzie dobrze, gdzie jeszcze
mnie nie ma, gdzie jeszcze nie
przywiozłem siebie – części ciebie.

Skoro cię tu nie ma

Noc się pojawia jak drobna wysypka,
a później przechodzi jak odra czy ospa.
Tak bardzo lubię to nocne chodzenie.
Gdy niebo od nocy robi się ciemne.

Choć może źle patrzę i to twoje oczy.
Wspomnienia wracają
jak głodne psy do domu.
Tak wiele w nich dostrzegam,

choć może to cytat.
Wciąż mało co widać,
a wszystko przez deszcze.
I choć nigdy nie ma

obok kogo chodzić, to miasto
tak wygląda, że warto samemu.
A gdy wracam zmęczony, zaraz sny
śnią się słabe, pozbawione kogoś.

Słowa mam ważne, lecz
dalej mi do ciebie niż do
sklepu nocnego, więc teraz
mogę iść już tylko bez celu.

Noc już nie istnieje

Wczoraj długo nie mogłem spać
i chciałem pójść w noc,
ale nie samemu. Iść tak
do rana, przez wąską ulicę.

Byłem taki smutny, że słuchałem płyt.
Jak te chłopaki szarpały struny...
Wspaniałość. Jutro ci coś
powiem, poproszę, byś posprzątał.

Chyba się nie słyszysz,
lecz ja zawsze ciebie, wyłącznie.
Jeszcze raz mnie obraź.
Znowu zacznijmy się kłócić,

a potem długo godzić,
wśród zdychających świerszczy,
bo noc nie istnieje i jest tylko ciemność.

Nie zaśnij beze mnie. Najlepiej wyjdź
z łóżka, pójdźmy śpiewać w mieście.
Gdzieś jest jeszcze piękniej.

Ginekologia

Za miastem pożar dotyka ogromnych browarni.
Wszyscy ludzie w szpitalu
klną na mnie, pokazują palcem.
Szydzili ze mnie, kiedy usiadłem

na balkonie, rzuciłem cegłą
w ich okno. Pracuje tutaj
piękna lekarka, wszystko, co robię,
jest zabiegiem o nią.

Dla niej utopiłem dziecko
w blaszanej misce, w której
zawsze stała woda, mętna od brudu
i mydła, gdzie przemywałem ręce.

Dla niej poparzyłem język,
w grudniu bolały już dziąsła.
Napisałem jej czarną kredką,
jak do mnie dojść.

Zaczepiałem jej pacjentów
i opowiadałem im niestworzone historie,
jak mało listów do nas przychodzi
i że świat, który nam się należy,

nie jest światem, jaki dostaliśmy.
Pewnego razu ktoś bił ciężarną kobietę
w piwnicach, w ciemności,
słyszałem krzyk, od którego

drgały żyrandol i przeczyszczona
lufka leżąca na stole. Życie,
te mało śmieszne wybryki
i podłe zaczepki już się przejadły.

Śmierć, którą widziałem, była
nie do przyjęcia. Zostały
strzępki rozrywanego mocno materiału.
Kwiaty przy łóżkach, pościel, papier.

Myśli szczelne jak pudełko
na tytoń. Próbowałem znaleźć sposób,
żeby uczcić życie; wypicie za twoje
zdrowie nie załatwia sprawy.

Szukam szyby, w której wreszcie
zobaczę swoją twarz, tamtą twarz,
niedzisiejszą. Można mnie jeszcze spotkać.
W pustych dłoniach trzymam całe szkło.

Gdzie żyłem albo jak

Wychowałem się w wodzie i na
moście, dlatego kiedy z kimś
rozmawiam, to robię wywiad,
wywiad-rzekę.

Wychowały mnie woda i kamień.
Byłem nad morzem, nie widziałem
morza, bo ciągle musiałem
spoglądać na ciebie.

Morze w całości bujało się jak auto.
I wszystko, co się ostatnio działo,
działo się we mnie. Nie wiem,
czy wierzyć w Boga, czy być dorosłym,

bo moi rodzice bardziej kochają
Chrystusa ode mnie.
I jest port, wielki port, a ja w snach
i przy grobach w Piasecznie.

Chcę tak bardzo kochać
zmarłych, żeby móc o nich
zapomnieć, chciałbym, żeby
tak bardzo ich brakowało.

Spis wierszy

POEZJE 80

FILIP WYSZYŃSKI: *Skaleczenie chłopca*
REDAKCJA I KOREKTA • Joanna Mueller

ZDJĘCIE • Robert Wiącek
PROJEKT TYPOGRAFICZNY • Artur Burszta
SKŁAD • Mateusz Martyn
DRUK • Wrocławska Drukarnia Naukowa PAN
WYDANE PRZY WSPARCIU • Miasta Wrocław
i Miejskiej Biblioteki Publicznej we Wrocławiu

BIURO LITERACKIE
Przejście Garncarskie 2, 50-107 Wrocław
tel. 71 346 01 42, poczta@biuroliterackie.pl
www.biuroliterackie.pl

ISBN 978-83-62006-53-3

Wydrukowano na Munken Print Cream 15 90g/m²

www.arcticpaper.com